Meine Kommunion und Firmung

GONDROM

© Gondrom Verlag GmbH, Bindlach 2005

Texte: Birgit Adam, Augsburg
Redaktion und Produktion: Medienagentur Gerald Drews, Augsburg
Illustrationen, Cover und Satz: Bert K. Roerer

017

ISBN 3-8112-2492-1

5   4   3   2   1

Liebes Kommunionkind, lieber Firmling,

du hast gerade deine Erstkommunion oder deine Firmung gefeiert. Du weißt, dass dies ein ganz besonderer Tag in deinem Leben ist: Zum ersten Mal hast du die heilige Kommunion empfangen und so die Gemeinschaft mit Gott und Jesus erfahren.

Welche Erinnerung verbindest du nun ganz besonders mit diesem Tag? Das weiße Kleid, den neuen Anzug oder die schöne Kommunionkerze? Das Gefühl, einmal im Mittelpunkt der Familie zu stehen? Oder den feierlichen Gottesdienst, bei dem du zum ersten Mal die heilige Kommunion empfangen hast?

Bei der Firmung wird der Bund, den du durch deine Taufe mit Gott geschlossen hast, erneuert. Auch dies ist ein wichtiger Tag in deinem Leben, den du nicht vergessen solltest.

Dieses Album hilft dir dabei, deine Erstkommunion und deine Firmung im Gedächtnis zu behalten. Du findest darin viel Platz, um eigene Eintragungen zu machen: wie der Gottesdienst ablief, welche Gäste bei deiner Erstkommunion und deiner Firmung dabei waren und wie du mit deiner Familie gefeiert hast. Dazwischen sind immer wieder leere Seiten – hier kannst du Fotos, Glückwunschkarten und andere Erinnerungen an diesen Tag einkleben.

Schließlich findest du ab und zu ein paar Seiten mit Gedichten und Sprüchen. Lies Sie dir einmal durch, wenn du Zeit hast, und denke ein wenig darüber nach. Welches Gedicht gefällt dir am besten, welcher Spruch ist auch für dein Leben wichtig?

Gott ist die Liebe,
und wer in der Liebe bleibt,
bleibt in Gott und Gott bleibt in ihm.

1. Brief des Johannes 4, 16

Meine Kommunion

am _____

in der katholischen Kirche

_____

in _____

durch _____

Hier kannst du Fotos und andere Erinnerungen einkleben.

Hier kannst du Fotos
und andere Erinnerungen
einkleben.

Hier kannst du Fotos
und andere Erinnerungen
einkleben.

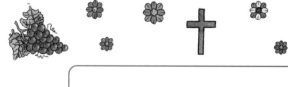

Das Vater unser

Vater unser im Himmel!
Geheiligt werde dein Name.
Dein Reich komme.
Dein Wille geschehe, wie im Himmel
so auf Erden.
Unser tägliches Brot gib uns heute,
und vergib uns unsere Schuld,
wie auch wir vergeben unseren Schuldigern,
und führe uns nicht in Versuchung,
sondern erlöse uns von dem Bösen.

Denn Dein ist das Reich und die Kraft
und die Herrlichkeit in Ewigkeit.

Amen.

Das Glaubensbekenntnis

Ich glaube an Gott, den Vater, den Allmächtigen,
den Schöpfer des Himmels und der Erde.

Und an Jesus Christus, seinen eingeborenen Sohn,
unsern Herrn,
empfangen durch den Heiligen Geist,
geboren von der Jungfrau Maria,
gelitten unter Pontius Pilatus,
gekreuzigt, gestorben und begraben,
hinabgestiegen in das Reich des Todes,
am dritten Tage auferstanden von den Toten,
aufgefahren in den Himmel;
er sitzt zur Rechten Gottes, des allmächtigen Vaters;
von dort wird er kommen,
zu richten die Lebenden und die Toten.

Ich glaube an den Heiligen Geist,
die heilige katholische Kirche,
Gemeinschaft der Heiligen,
Vergebung der Sünden,
Auferstehung der Toten
und das ewige Leben.

Amen.

Der Gottesdienst

Diese Lieder haben wir gesungen

Diese Gebete haben wir gesprochen

_____

_____

_____

_____

_____

_____

_____

_____

_____

_____

_____

_____

_____

_____

_____

_____

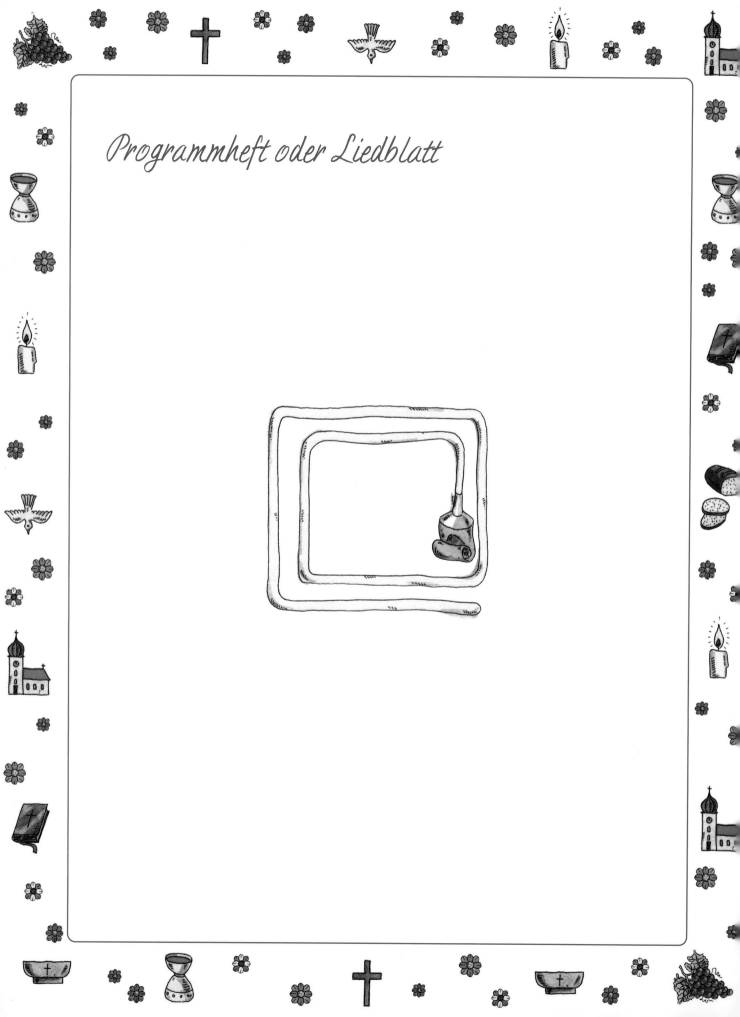

Programmheft oder Liedblatt

Programmheft oder Liedblatt

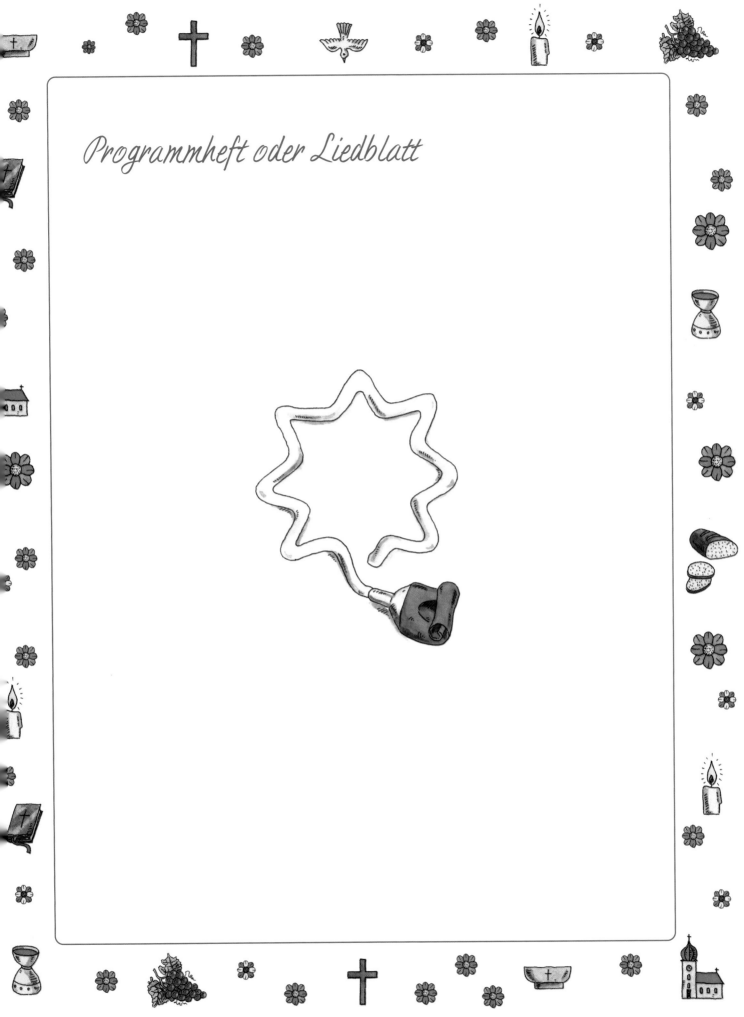

Meine Kommunionkerze

Hier kannst du Fotos
und andere Erinnerungen
einkleben.

Hier kannst du Fotos
und andere Erinnerungen
einkleben.

Die schönsten Bibelworte zur Erstkommunion

Wer mein Jünger sein will, der verleugne sich selbst,
nehme sein Kreuz auf sich und folge mir nach.

Matthäus 16, 24

Wer nach Gerechtigkeit und Barmherzigkeit strebt,
der wird Leben, Gerechtigkeit und Ehre finden.

Sprüche Salomons

Ich sage dir, was du tun sollst, und zeige dir den richtigen Weg.
Ich lasse dich nicht aus den Augen.

Psalm 32, 8

Erwirb dir Weisheit, denn sie ist besser als Gold;
und verschaff dir Klugheit, denn sie ist köstlicher als Silber.

Sprüche Salomons

Denn für Gott ist nichts unmöglich.

Lukas 1, 37

Verlass dich auf den Herrn von ganzem Herzen,
und verlass dich nicht auf deinen Verstand, sondern gedenke
an ihn in allen deinen Wegen, so wird er dich recht führen.

Sprüche Salomons

Die Liebe ist langmütig und freundlich,
die Liebe eifert nicht,
die Liebe treibt nicht Mutwillen,
sie blähet sich nicht,
sie stellet sich nicht ungebärdig,
sie suchet nicht das ihre,
sie lässt sich nicht erbitten,
sie rechnet das Böse nicht zu,
sie freuet sich nicht der Ungerechtigkeit,
sie freuet sich aber der Wahrheit,
sie verträgt alles, sie glaubet alles,
sie hoffet alles, sie duldet alles.

1. Korinther 13, 4–7

Der Herr ist mein Hirte, nichts wird mir mangeln.

Psalm 23, 1

Halte dich an die gesunde Lehre, die du von mir gehört hast;
nimm sie dir zum Vorbild und bleibe beim Glauben und
bei der Liebe, die uns in Christus Jesus geschenkt ist.

2. Timotheus 1, 13

Wenn ich in der Sprache der Engel redete,
hätte aber die Liebe nicht, wäre ich nichts.

nach 1. Korinther 13, 1-2

Darum iss dein Brot und trink deinen Wein und sei fröhlich dabei.
So hat es Gott für die Menschen vorgesehen und so gefällt es ihm.

Kohelet 9, 7

Selig, die hungern und dürsten nach Gerechtigkeit,
denn sie werden satt werden.

Matthäus 5, 6

Der Herr ist bei dir, hält die Hand über dich.

Psalm 121, 5

Alles, was ihr also von anderen erwartet, das tut auch ihnen!

Matthäus 7, 12

Jesus sagte zu ihm: Ich bin der Weg und die Wahrheit und das Leben; niemand kommt zum Vater außer durch mich.

Johannes 14, 6

Des Menschen Herz plant seinen Weg,
doch der Herr lenkt seinen Schritt.

Sprichwörter 16, 9

Seid fröhlich in der Hoffnung, geduldig in der Bedrängnis,
beharrlich im Gebet!

Römer 12, 12

Der Herr aber ist der Geist, und wo der Geist des Herrn wirkt,
da ist Freiheit.

2. Korinther 3, 17

Meine Gäste

Meine Erstkommunion feierte ich zusammen mit

_____

_____

_____

_____

_____

_____

_____

_____

_____

_____

_____

_____

_____

_____

_____

_____

Die Einladungskarte zu meiner Kommunion

Die schönsten Gedichte zur Erstkommunion

Die Welt ist voll von Gottes Segen;
willst du ihn haben, ist er dein.
Du brauchst nur Hand und Fuß zu regen.
Du brauchst nur fromm und klug zu sein.

Friedrich Wilhelm Weber

Sei treu, sei unverzagt,
fromm, mildreich von Gemüte,
den Frevel strafe mit Güte,
nimm deine Zucht wohl in die Hut,
den Großen stark, den Armen gut.
Die Deinen sollst du ehren,
die Fremden zu dir kehren,
den Weisen wohne immer bei,
dem Toren flieh', wo er auch sei.
Vor allem aber liebe Gott
und richte wohl nach seinem Gebot.

Hartmann von Aue

Fest bewahre dir die Treue,
lebe, wie dir's Gott gegeben.
Das ist ja die Weisheit eben,
und das weiß ein jeder Christ,
bleibe jeder, der er ist.
Liebe, liebliche Natur,
du verlörest immer nur,
bleibe du ja, wie du bist.

Adalbert von Chamisso

Wenn ein Mensch mit Gott gut steht,
der steht wohl, wenn's übel geht;
denn er kann die höchsten Gaben,
Vater, Bruder, Tröster haben.

Friedrich von Logau

Mein Kind, du bist schon lang der Mutter aus den Wiegen;
nun hilf dir selbst! Wie du dich bettest, wirst du liegen.
Die Flügel wuchsen dir; gebrauche sie zum Fliegen!
Der kommt nicht auf den Berg, wer nicht hinaufgestiegen;
greif an die Schwierigkeit, so wirst du sie besiegen!

Friedrich Rückert

Ich wünsche dir zur Kommunion,
dass Gott Vater und Gott Sohn
beschützen dich mit Segen
auf allen deinen Wegen.
Dann wanderst froh und glücklich du
der gold'nen Himmelspforte zu.

Ernst Moritz Arndt

Nach der Kommunion

Wie lachte mir der Kirchenpfad,
als ich ihn heute früh betrat,
so wallt voll Gottes Kraft und Ruh
ein Heiliger dem Himmel zu.

Doch als ich zu dem Altar kam
und dort das große Wort vernahm,
mit dir dein Sakrament beging
und deines Bundes Kelch empfing –

da war der Vorhang aufgetan,
dem Heiligsten durft ich mich nahn,
mein Geist empfand, mein Geist genoss,
als er in deiner Glut zerfloss.

Max von Schenkendorf

Was Gott ist, wird in Ewigkeit
kein Mensch ergründen,
doch will er treu sich allezeit
mit uns verbünden.

Conrad Ferdinand Meyer

Tritt ein für deines Herzens Meinung
und fürchte nicht der Feinde Spott,
bekämpfe mutig die Verneinung,
so du den Glauben hast an Gott.

Theodor Fontane

Wie ernst wir wandeln unsre Lebenspfade
und uns dem Rufe strenger Pflichten beugen:
Wir können, was uns frommt, nicht selbst erzeugen –
das Beste in der Welt ist Glück und Gnade.

Friedrich von Bodenstedt

Glaube fest an Gott, den Herrn;
glaube an sein Walten!
Niemals ist es unmodern,
sich an Gott zu halten.
Sei getrost: An Gottes Hand
hast du immer festen Stand!

Friedrich Morgenroth

Kehr in dich still zurück,
ruh in dir selber aus,
so fühlst du höchstes Glück.

Friedrich Rückert

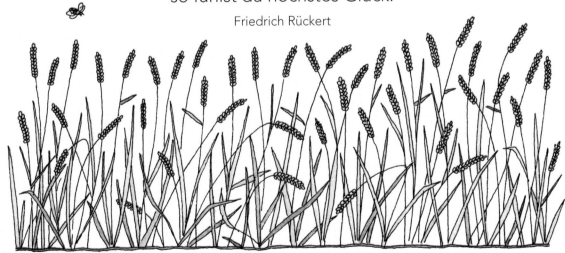

So haben wir gefeiert

Gefeiert wurde im Restaurant

_____

_____

Das gab es zum Essen

_____

_____

_____

_____

Diese Spiele haben wir gespielt

_____

_____

_____

_____

_____

_____

_____

_____

Der Tischschmuck

Hier kannst du Fotos
und andere Erinnerungen
einkleben.

Hier kannst du Fotos
und andere Erinnerungen
einkleben.

Hier kannst
du Fotos
und andere
Erinnerungen
einkleben.

Die schönsten Gedichte und Sprüche zur Erstkommunion

Mit Gott als Begleiter
verirrst du dich nicht,
denn er ist der Streiter
für Wahrheit und Licht!
Ihm sollst du vertrauen
und seinem Gebot;
auf ihn kannst du bauen
in jeglicher Not!

Friedrich Morgenroth

Mensch, denkst du Gott zu schauen dort oder hier auf Erden,
so muss dein Herz zuvor ein reiner Spiegel werden.

Angelus Silesius

Sage nicht immer, was du weißt,
aber wisse immer, was du sagst.

Matthias Claudius

Das Glück liegt nicht in den Dingen,
sondern in der Art und Weise,
wie sie zu unsern Augen,
zu unserm Herzen stimmen.

Jeremias Gotthelf

Das wahre Glück besteht nicht in dem, was man empfängt,
sondern in dem, was man gibt.

Johannes Chrysostomus

Ich sage, dass ein vollkommener Mensch sich so schwer von
Gott scheiden und trennen würde, dass ihm eine Stunde
ebenso schmerzlich wäre als tausend Jahre.

Meister Eckhart

Werde, was du noch nicht bist,
bleibe, was du jetzt schon bist;
in diesem Bleiben und diesem Werden
liegt alles Schöne hier auf Erden.

Franz Grillparzer

Dass dein Leben Gestalt, dein Gedanke Leben gewinne,
lass die belebende Kraft stets auch die bildende sein.

Johann Wolfgang von Goethe

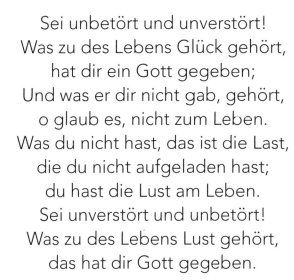

Sei unbetört und unverstört!
Was zu des Lebens Glück gehört,
hat dir ein Gott gegeben;
Und was er dir nicht gab, gehört,
o glaub es, nicht zum Leben.
Was du nicht hast, das ist die Last,
die du nicht aufgeladen hast;
du hast die Lust am Leben.
Sei unverstört und unbetört!
Was zu des Lebens Lust gehört,
das hat dir Gott gegeben.

Friedrich Rückert

Weißt du, worin der Spaß des Lebens liegt?
Sei lustig – geht es nicht, so sei vergnügt!

Johann Wolfgang von Goethe

Wo man Liebe aussät, da wächst Freude empor.

William Shakespeare

Niemand ist frei, der nicht über sich selbst Herr ist.

Matthias Claudius

Wahrheit ist das leichteste Spiel von allen!
Stelle dich selber dar,
und du läufst nie Gefahr,
aus deiner Rolle zu fallen.

Friedrich Rückert

Was der Mensch an sich oder anderen nicht bessern kann,
das muss er mit Geduld ertragen,
bis Gott es anders macht.

Thomas von Kempen

Mach es wie die Blümelein,
strebe zur Sonne, zum Licht,
achte der Stürme und Wetter nicht.

Ob lockeres Erdreich, ob felsiger Spalt,
fassen sie Wurzeln mit zäher Gewalt
und grünen und blühen.

Danach sollst du trachten:
eig'ne Rechte mild zu üben,
fremde Rechte streng zu achten.

Emanuel Geibel

Meine Geschenke

Hier kannst
du Fotos
und andere
Erinnerungen
einkleben.

Weitere Erinnerungen an meine Erstkommunion

Hier kannst du Fotos und andere Erinnerungen einkleben.

Mit dieser Karte habe ich mich
bei meinen Gästen bedankt

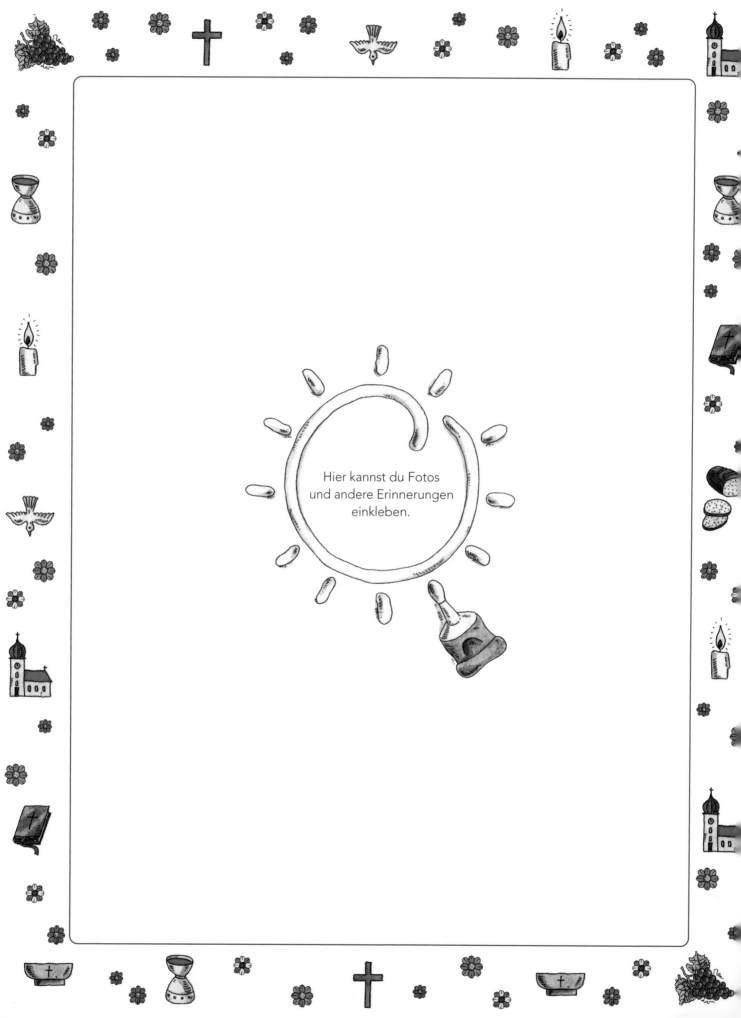

Hier kannst du Fotos
und andere Erinnerungen
einkleben.

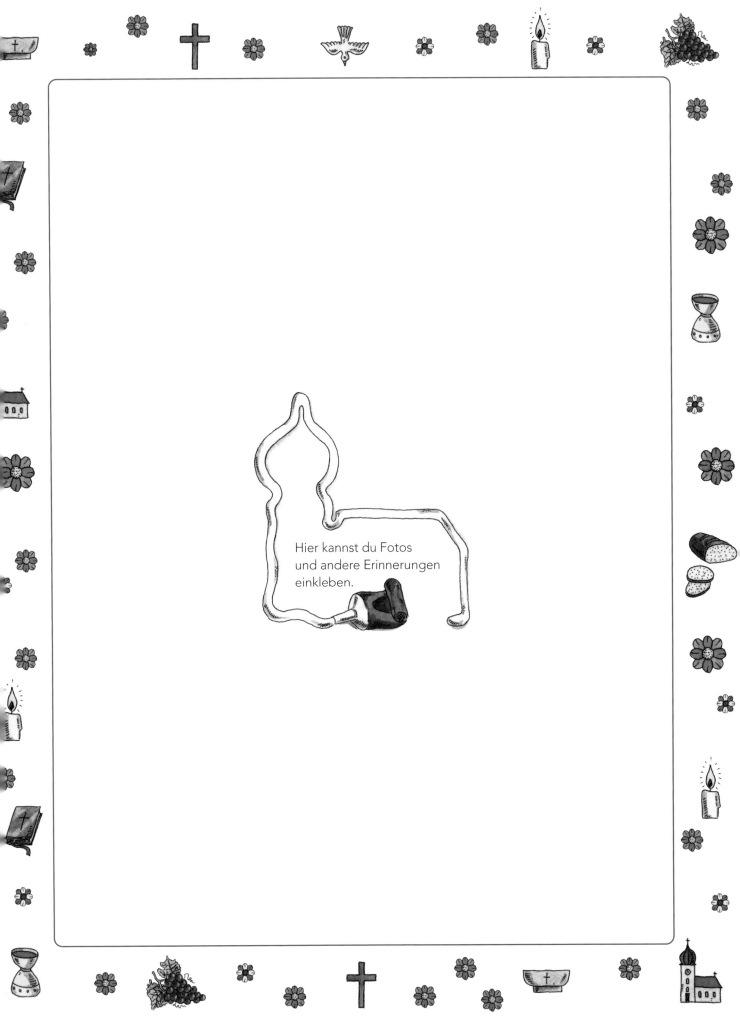

Hier kannst du Fotos
und andere Erinnerungen
einkleben.

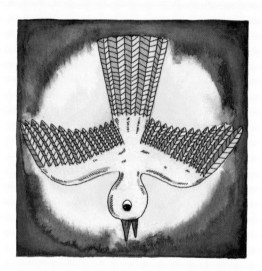

Voll Güte und Erbarmen ist der Herr,
voll grenzenloser Liebe und Geduld.

Psalm 103, 8

Meine Firmung

am _____

in der katholischen Kirche

_____

in _____

durch _____

Hier kannst
du Fotos
und andere
Erinnerungen
einkleben.

Mein Firmpate / Meine Firmpatin

Hier kannst du Fotos
und andere Erinnerungen
einkleben.

Hier kannst
du Fotos
und andere
Erinnerungen
einkleben.

Der Gottesdienst

Diese Lieder haben wir gesungen

_____

_____

_____

_____

_____

_____

_____

_____

_____

_____

_____

_____

_____

_____

_____

_____

Diese Gebete haben wir gesprochen

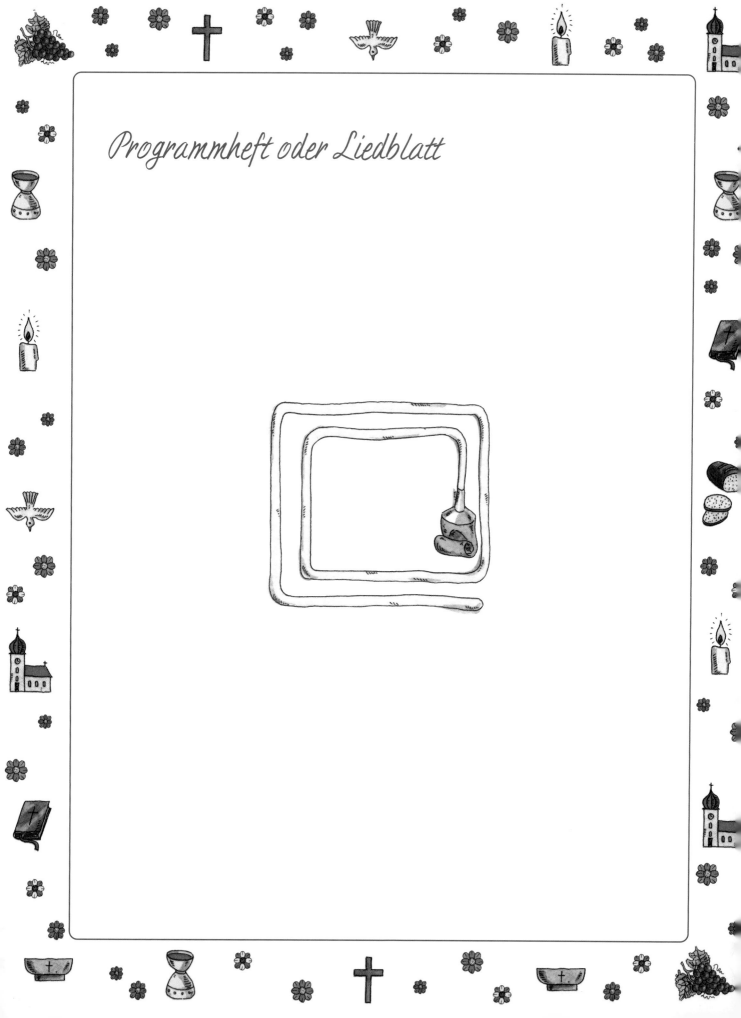

Programmheft oder Liedblatt

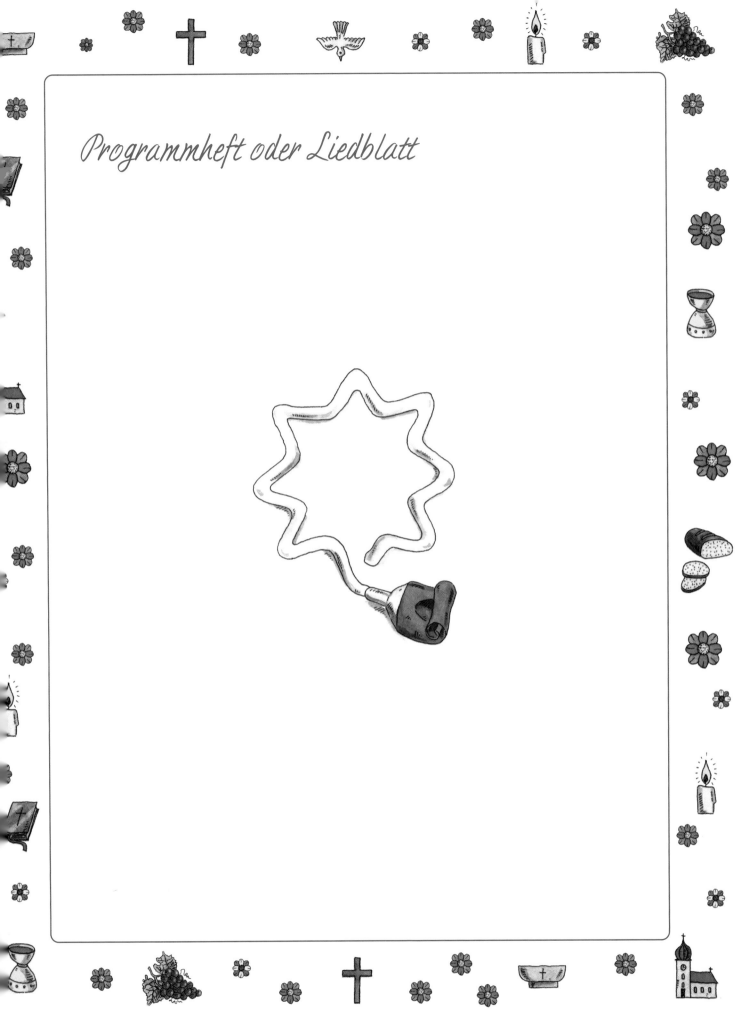

Programmheft oder Liedblatt

Hier kannst du Fotos
und andere Erinnerungen
einkleben.

Hier kannst du Fotos
und andere Erinnerungen
einkleben.

Meine Gäste

Meine Firmung feierte ich zusammen mit

_____

_____

_____

_____

_____

_____

_____

_____

_____

_____

_____

_____

_____

_____

_____

_____

_____

Die Einladungskarte zu meiner Firmung

Hier kannst du Fotos
und andere Erinnerungen
einkleben.

So haben wir gefeiert

Gefeiert wurde im Restaurant

_____

_____

Das gab es zum Essen

_____

_____

_____

_____

_____

_____

_____

_____

_____

_____

_____

_____

_____

Hier kannst du Fotos
und andere Erinnerungen
einkleben.

Hier kannst
du Fotos
und andere
Erinnerungen
einkleben.

Hier kannst
du Fotos
und andere
Erinnerungen
einkleben.

Die schönsten Sprüche und Lebensweisheiten zur Firmung

Wie groß die Finsternis auch sei,
wir sind immer dem Licht nahe.

Franz von Sales

Besser kennt Gott, wer ihn nicht zu kennen bekennt.

Augustinus

Gott ist noch mehr in mir, als wenn das ganze Meer
in einem kleinen Schwamm ganz und gar beisammen wäre.

Angelus Silesius

Wie die Sonne nicht auf Lob und Bitten wartet,
um aufzugehen, sondern eben leuchtet und von der ganzen Welt
begrüßt wird, so darfst auch du weder Schicksal
noch Beifall brauchen, um Gutes zu tun:
Dann wirst du wie die Sonne geliebt werden.

Epiktet

Ein wahrhaft großer Mann wird weder einen Wurm zertreten,
noch vor dem Kaiser kriechen.

Benjamin Franklin

Wer lächelt, statt zu toben, ist immer der Stärkere.

Aus Japan

Vernunft ist Gottes Tempel, darin er wohnt und
in ungebrochenem Glanze leuchtet! Wir aber erfassen Gott
in der Seele, die auch ein Tröpflein besitzt von dieser Vernunft,
ein Fünklein, einen Zweig.

Meister Eckhart

Gott ist Licht.

John Milton

Nicht mitzuhassen, mitzulieben bin ich da.

Sophokles

Es ist mehr wert,
stets die Achtung des Menschen zu haben,
als gelegentlich ihre Bewunderung.

Jean-Jacques Rousseau

Man sollte nicht ängstlich fragen: „Was wird und was kann noch kommen?" Sondern sagen: „Ich bin gespannt, was Gott jetzt noch mit mir vorhat."

Selma Lagerlöf

Beschränkung
Kannst du das Schönste nicht erringen,
so mag das Gute dir gelingen.
Ist nicht der große Garten dein,
wird doch ein Blümchen für dich sein.

Nach Großem drängt's dich in der Seele?
Dass sie im Kleinen nur nicht fehle!
Tu heute recht – so ziemt es dir;
der Tag kommt, der dich lohnt dafür!

So geht es Tag für Tag; doch eben
aus Tagen, Freund, besteht das Leben.
Gar viele sind, die das vergessen:
Man muss es nicht nach Jahren messen.

Eduard von Bauernfeld

Man sieht nur mit dem Herzen gut.
Das Wesentliche ist für die Augen unsichtbar.

Antoine de Saint-Exupéry

Man sollte sich nicht schlafen legen, ohne sagen zu können,
dass man an dem Tag etwas gelernt hätte.

Georg Christoph Lichtenberg

Es kann in Ewigkeit kein Ton so lieblich sein,
als wenn des Menschen Herz mit Gott stimmt überein.

Angelus Silesius

Wer den Tag mit Lachen beginnt,
hat ihn bereits gewonnen.

Tschechisches Sprichwort

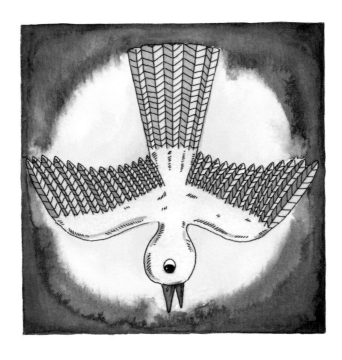

Meine Geschenke

Weitere Erinnerungen an meine Firmung

Hier kannst du Fotos
und andere Erinnerungen
einkleben.

Hier kannst du Fotos
und andere Erinnerungen
einkleben.

Hier kannst du Fotos
und andere Erinnerungen
einkleben.

Lass nicht zu, dass du jemandem begegnest,
der nicht nach der Begegnung mit dir glücklicher ist.

Mutter Teresa